أَيْنَ أنا ؟

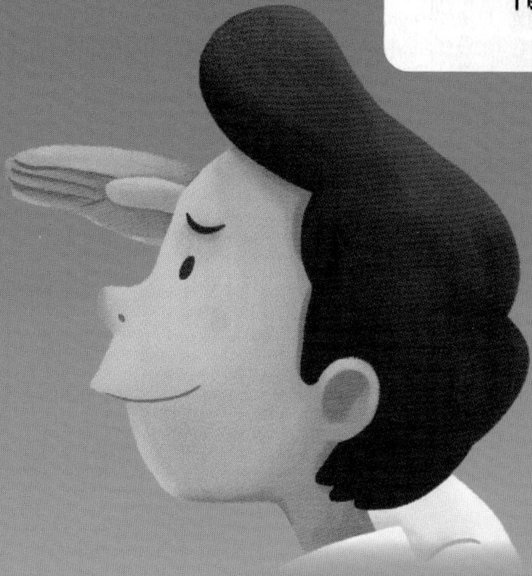

بِقَلَم: مَحْمود جَعْفَر
بِريشَة: عَبدي مارّ

Collins

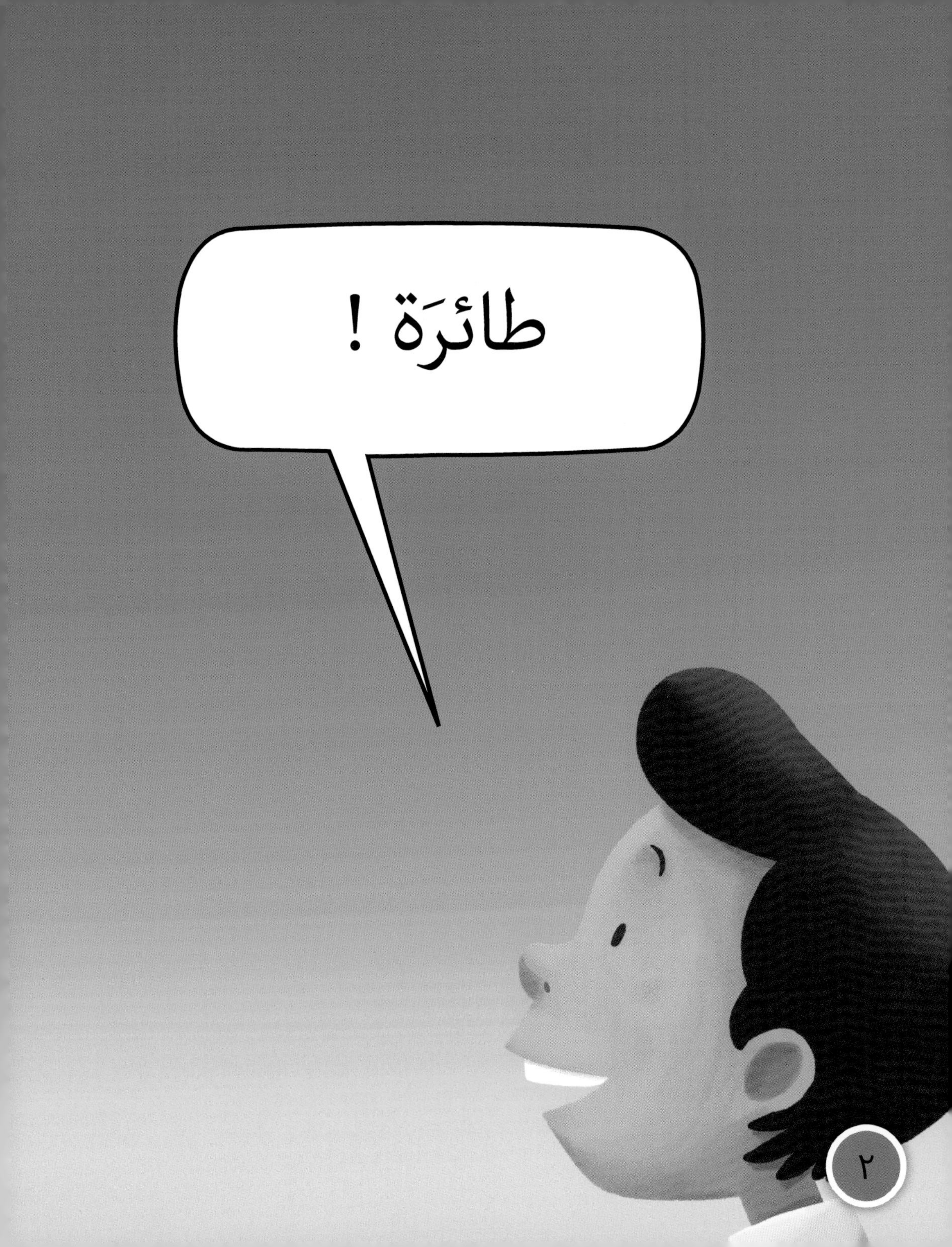
طائرَة !

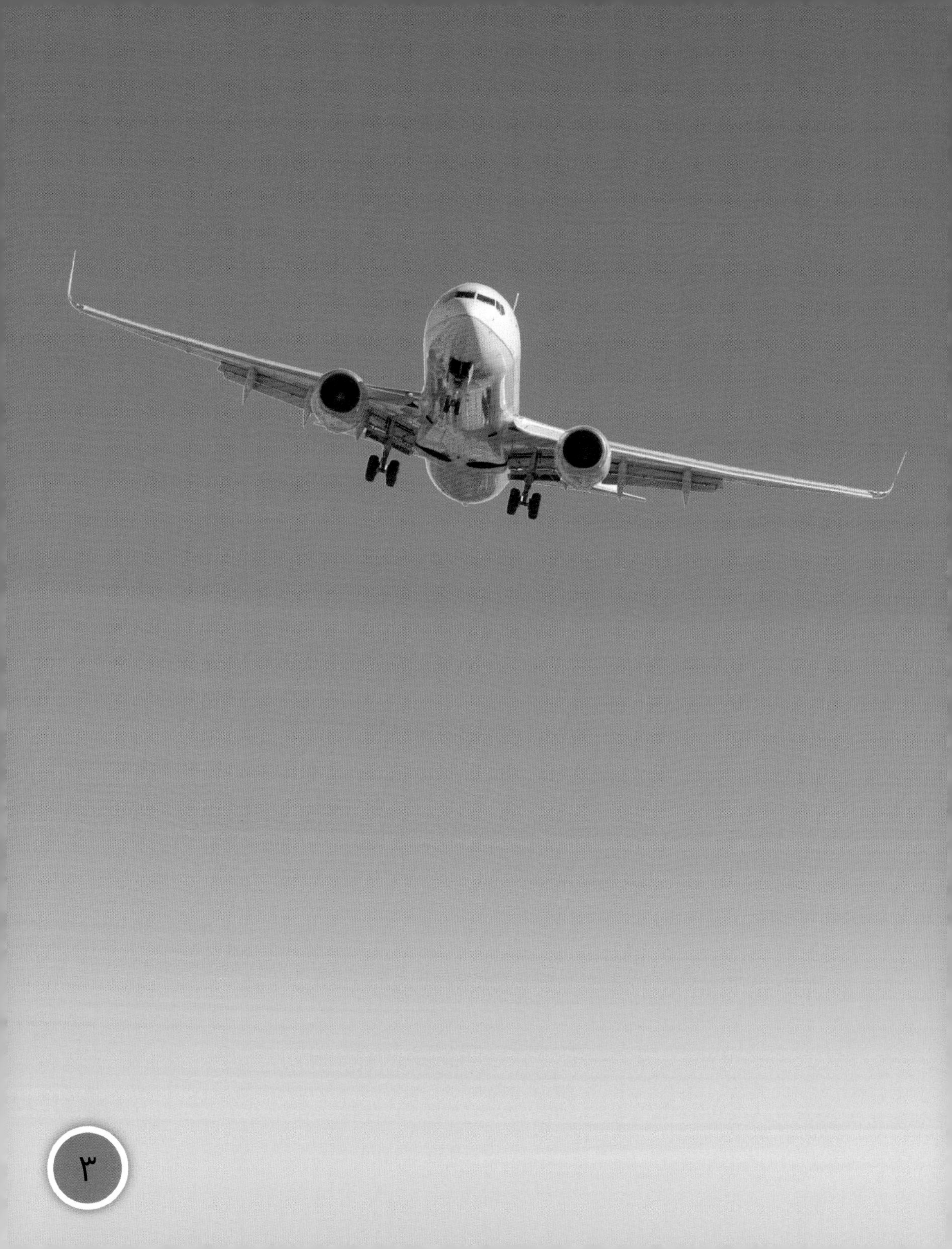

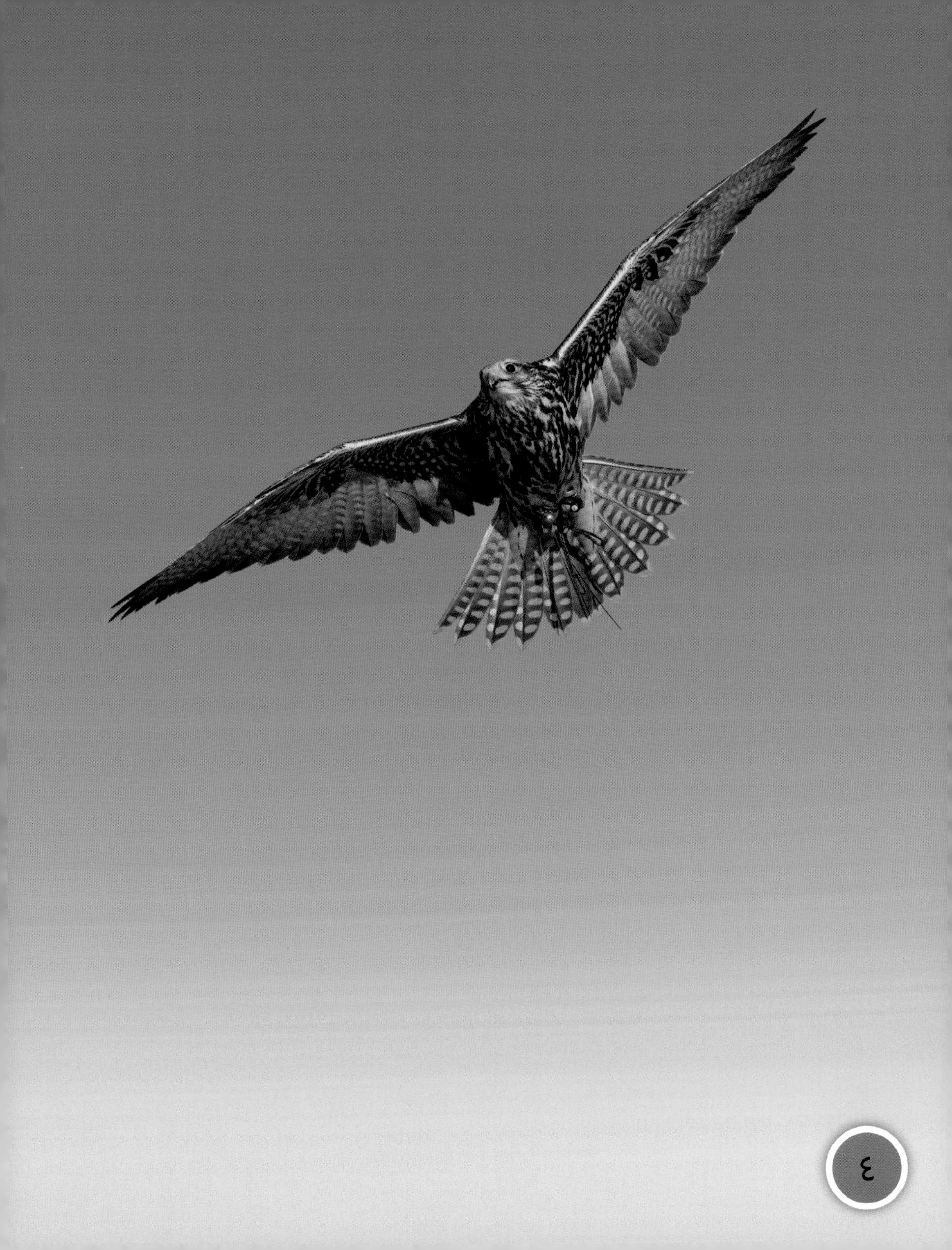

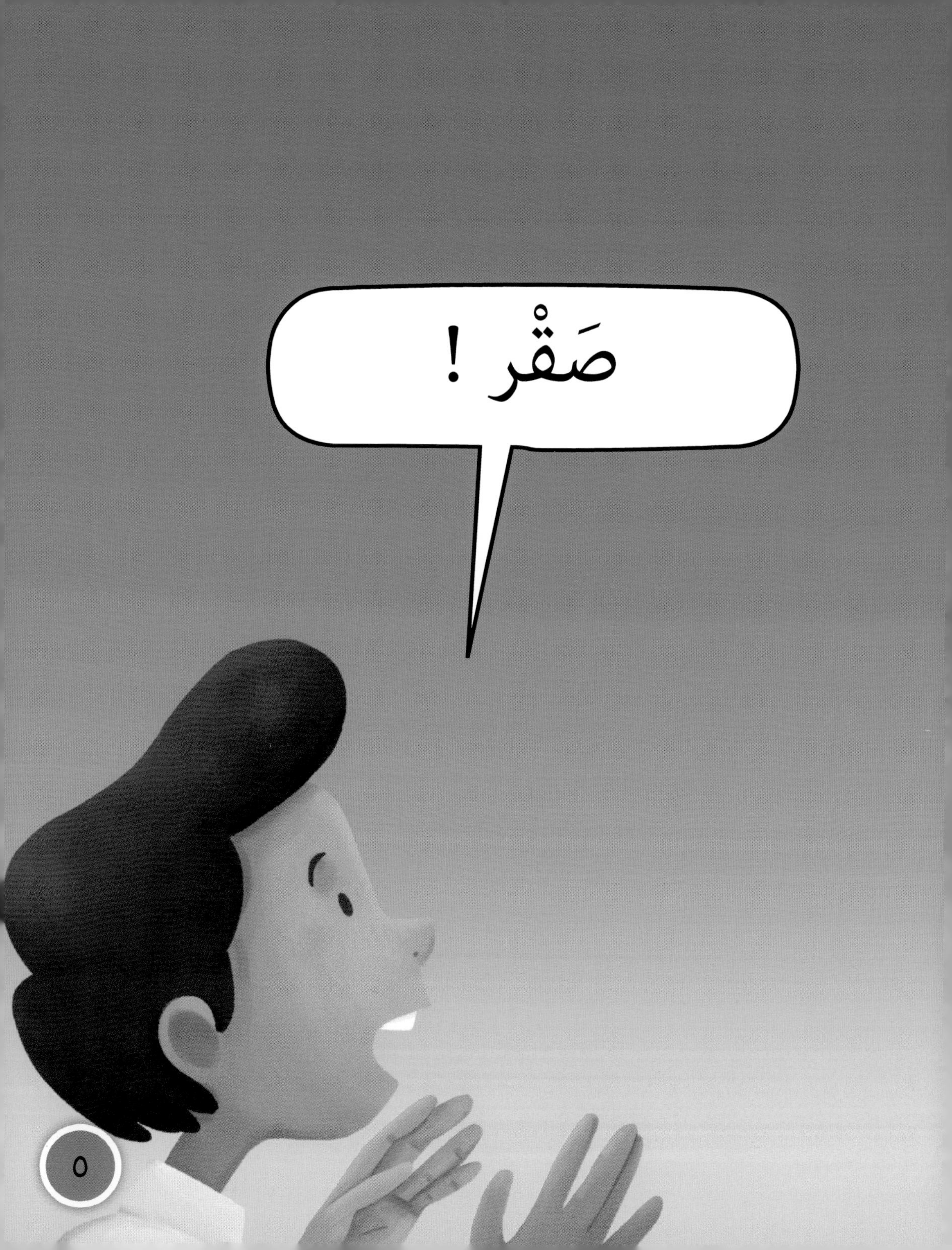
صَقْر !

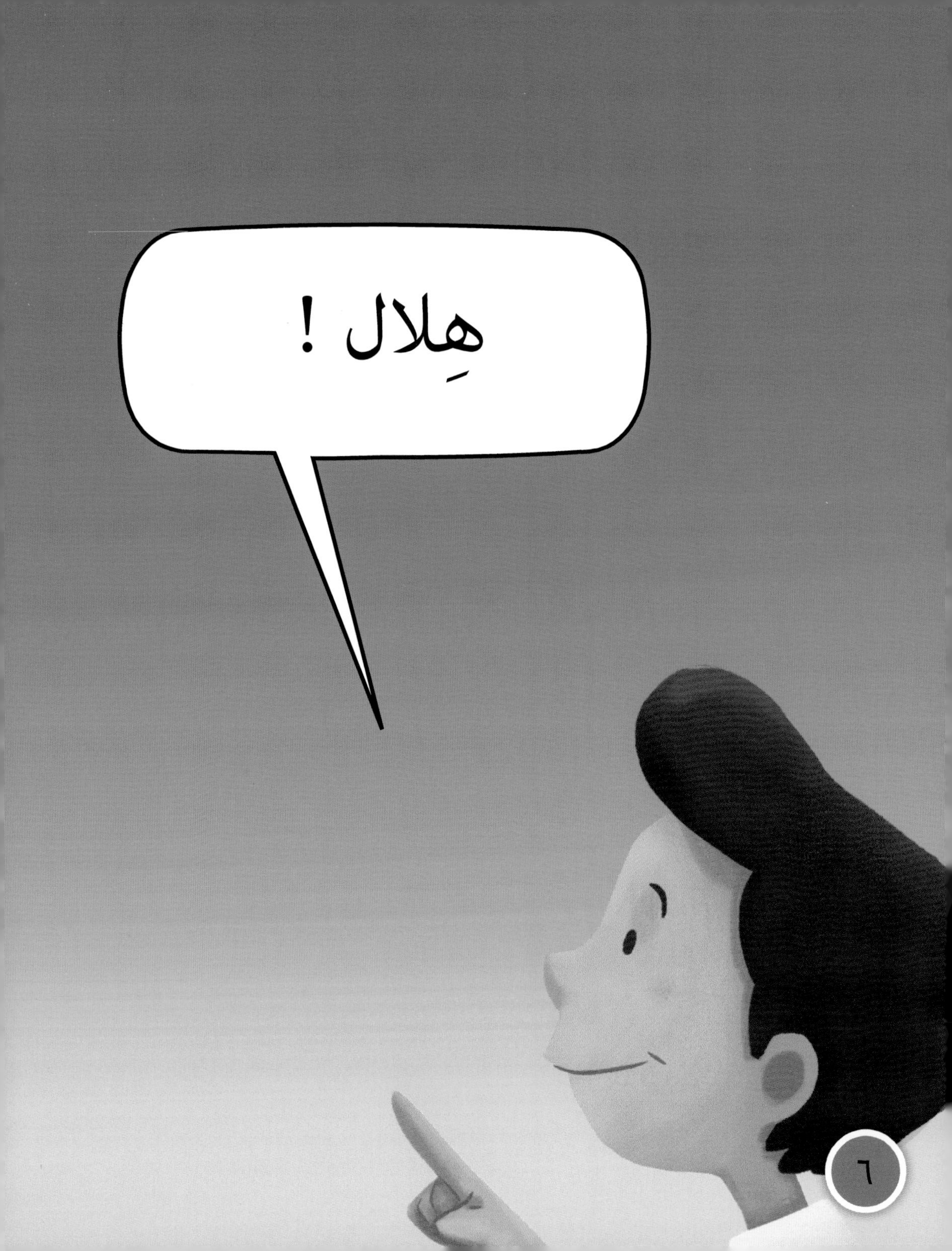
هِلال !

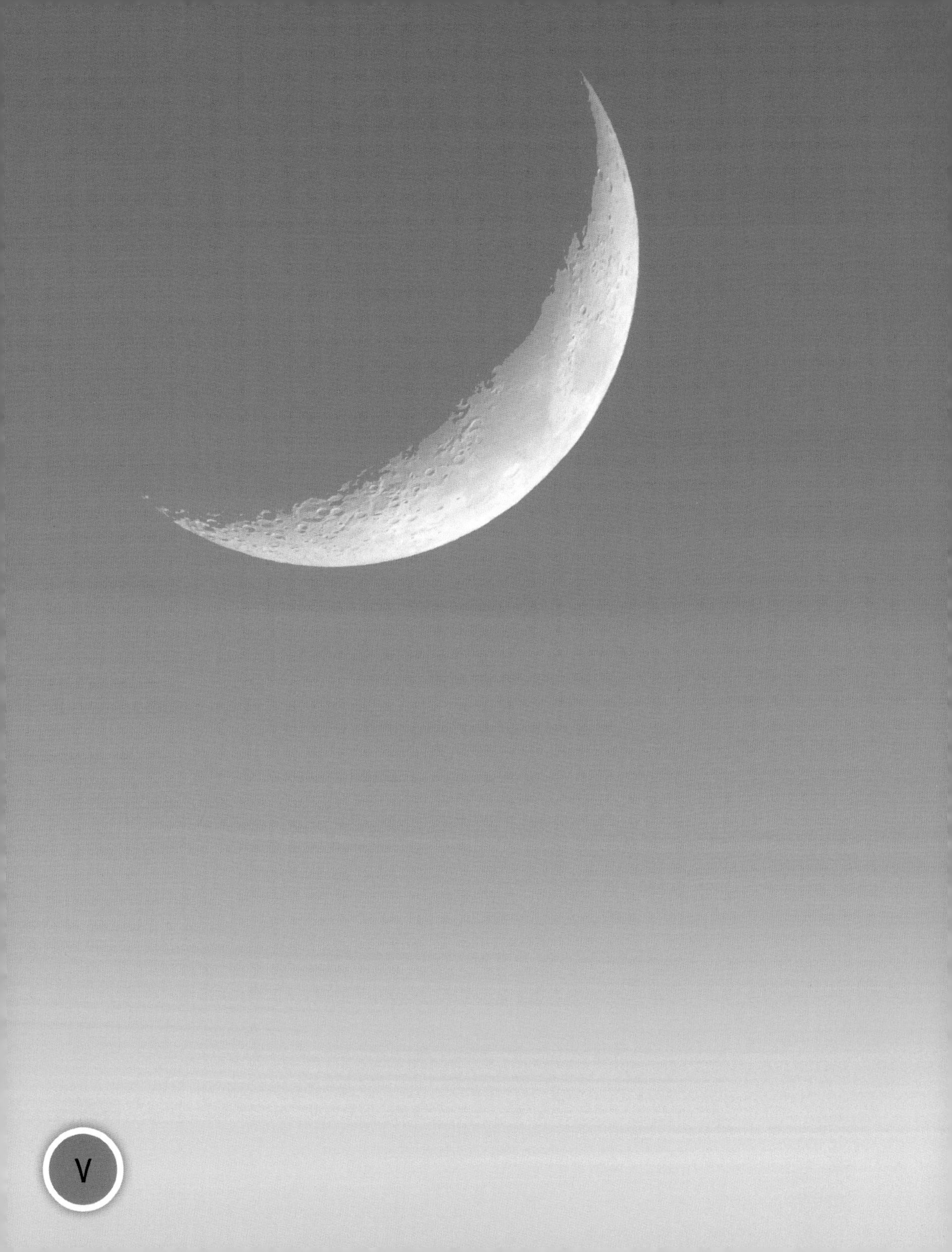
V

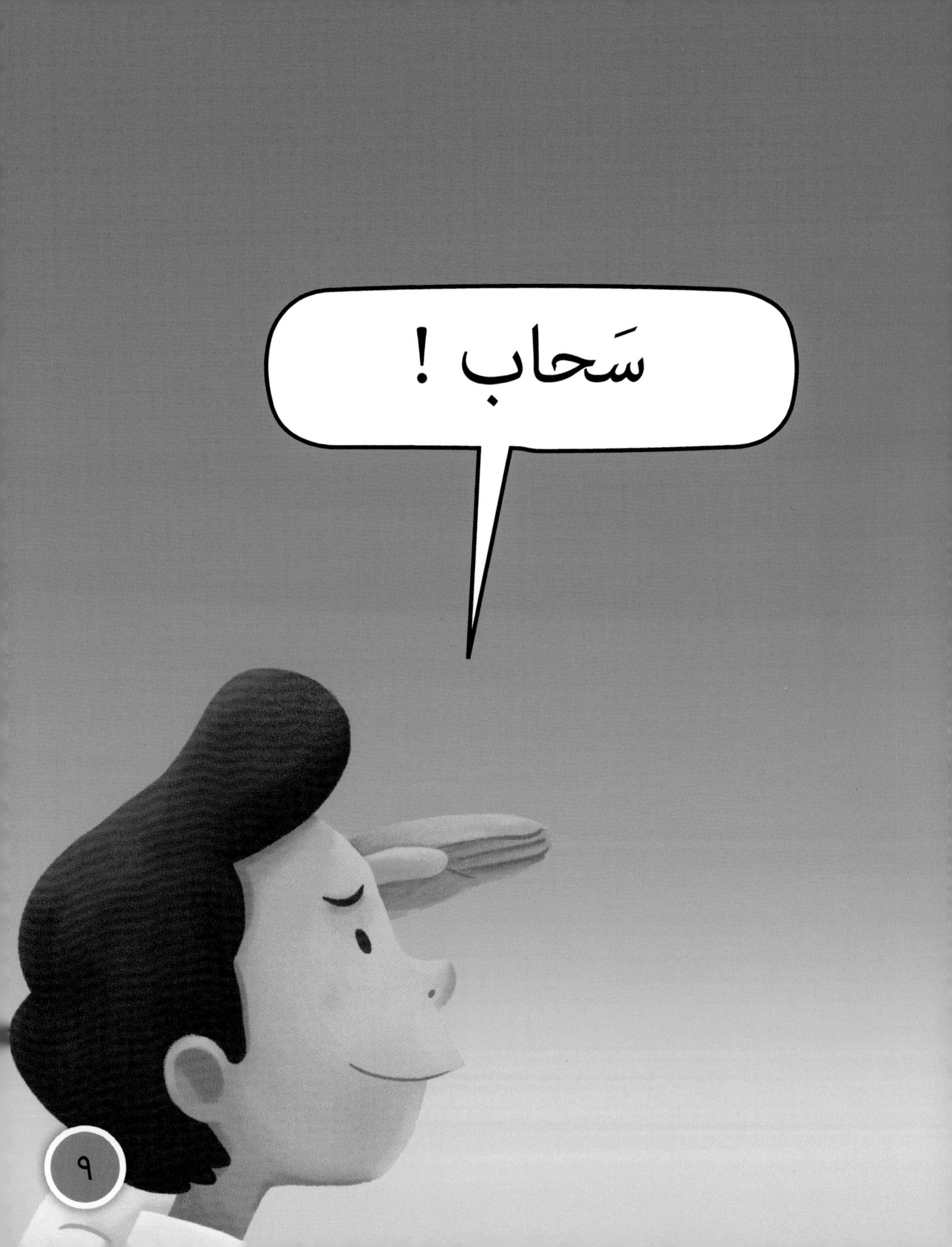
سَحاب !

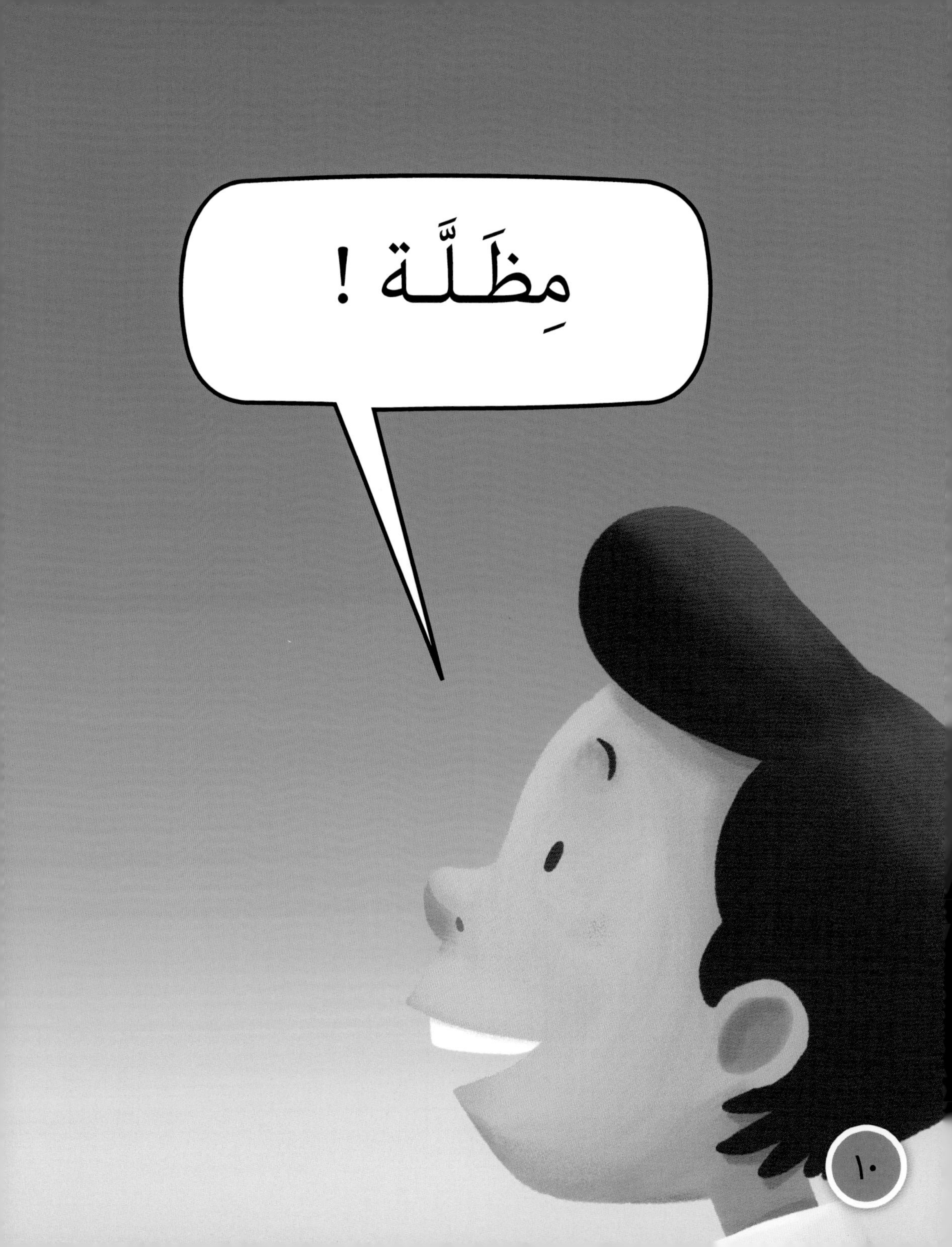
مِظَلَّة !

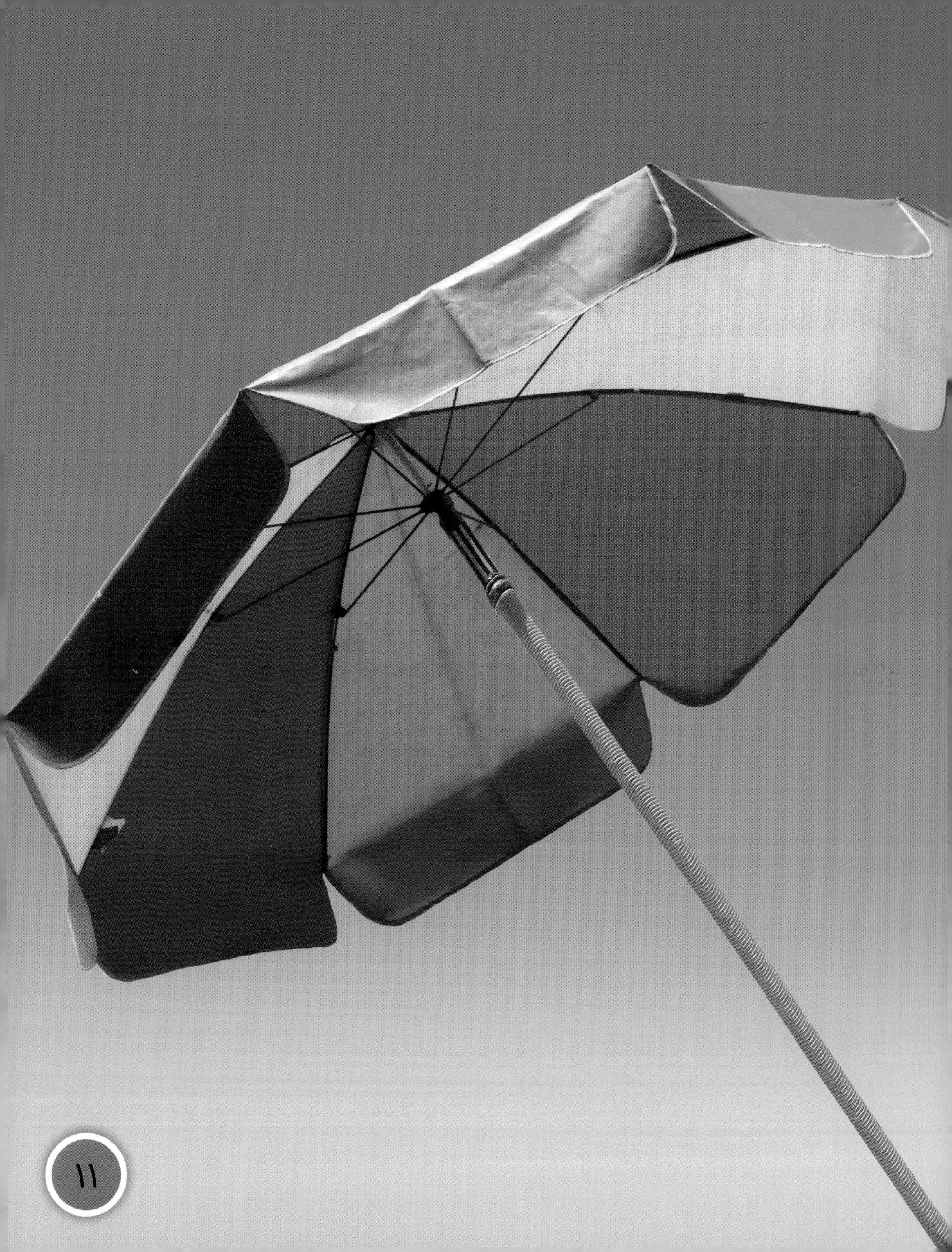

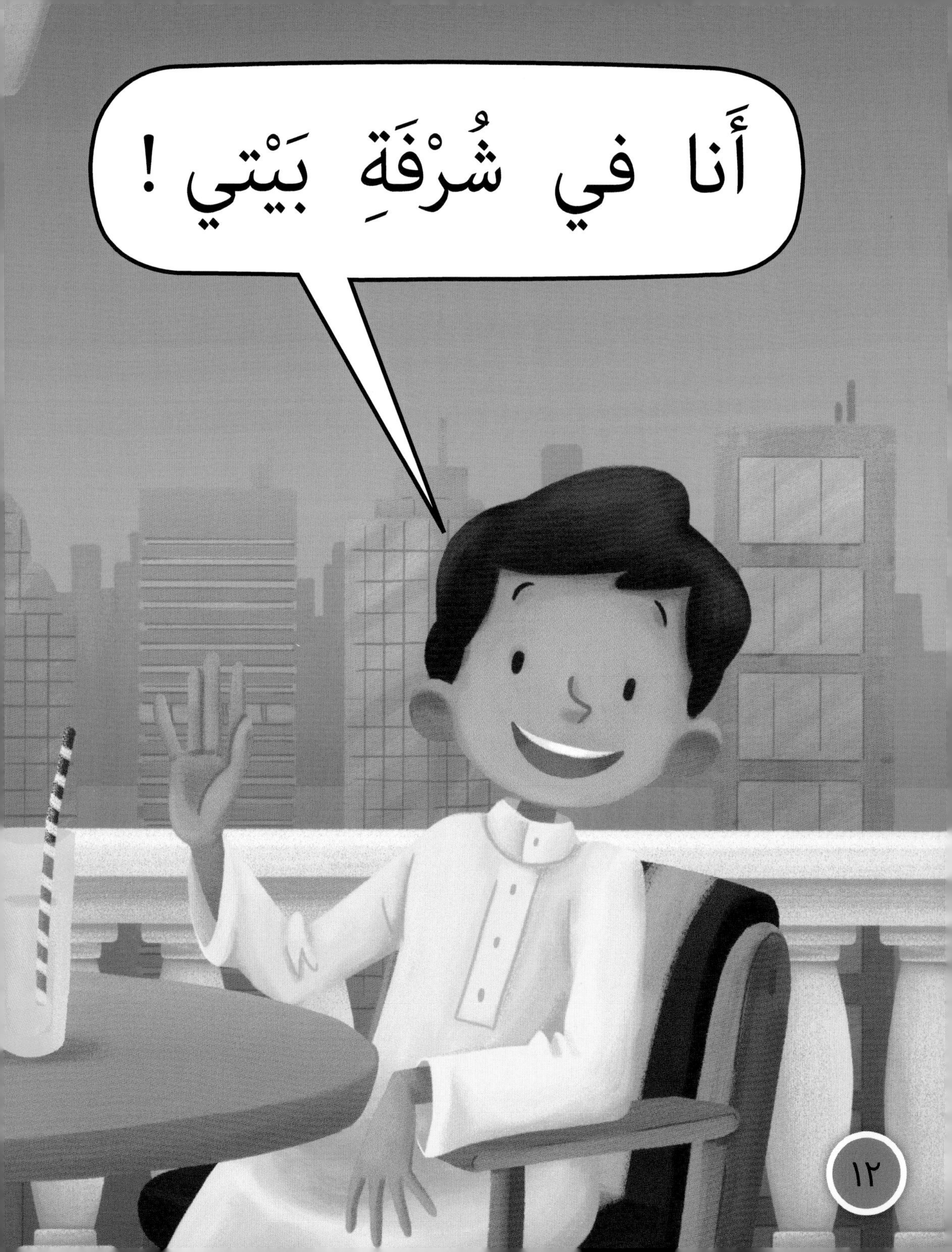
أَنا في شُرْفَةِ بَيْتي !

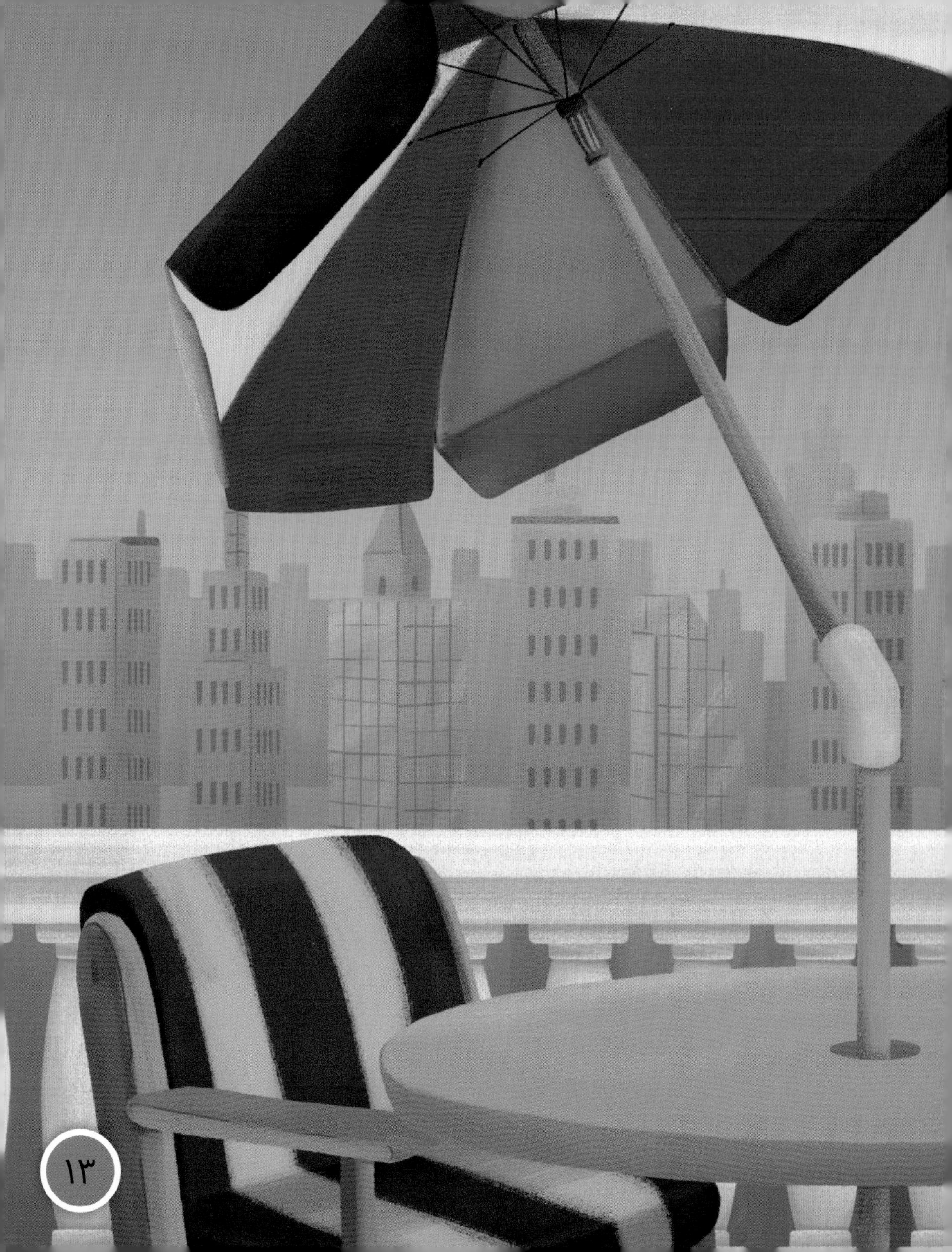

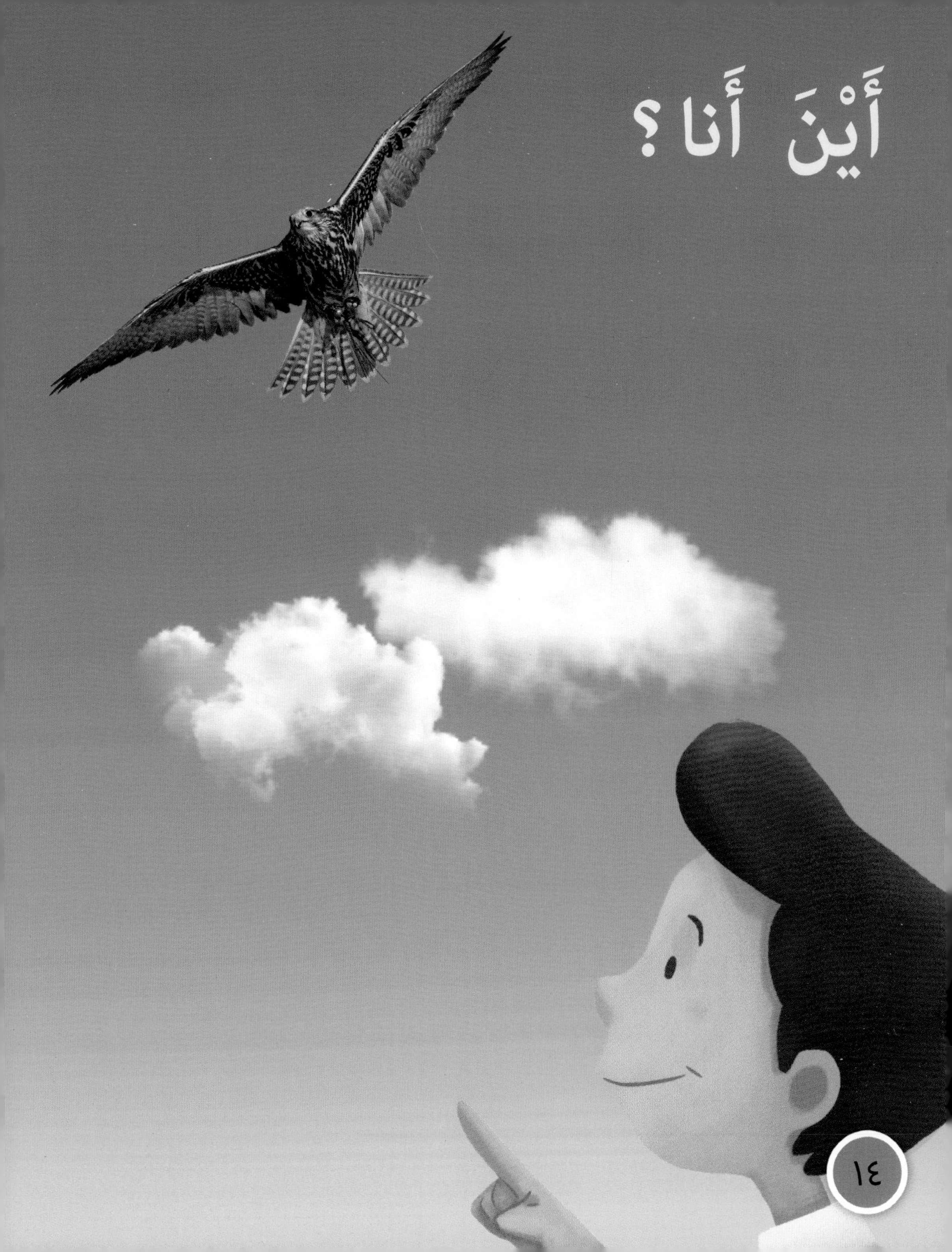
أَيْنَ أَنا ؟